7

Lk 1625.

CORRESPONDANCE

ENTRE

M. LE PRÉFET

DE LOT-ET-GARONNE

ET M. LAFAURIE,

Médecin, membre du conseil d'arrondissement et maire
de Cancon,

CORRESPONDANCE PAR SUITE DE LAQUELLE M. LAFAURIE A ÉTÉ
DESTITUÉ DE SES FONCTIONS DE MAIRE.

PÉRIGUEUX,

CHEZ F. DUPONT, IMPRIMEUR.

1836.

CORRESPONDANCE

ENTRE

M. LE PRÉFET

DE LOT-ET-GARONNE

ET M. LAFAURIE,

Médecin, membre du conseil d'arrondissement et maire de Cancon,

CORRESPONDANCE PAR SUITE DE LAQUELLE M. LAFAURIE A ÉTÉ DESTITUÉ DE SES FONCTIONS DE MAIRE.

> La raison du plus fort est toujours la meilleure ;
> Je vais le prouver tout à l'heure.
> LA FONTAINE.

Mais plutôt faisons des vœux au moins pour que dans cet ancien adage, vrai aujourd'hui comme jadis, l'on substitue enfin le mot *juste* à celui de *fort*.

J'avais l'honneur d'être maire de ma commune (Cancon, chef-lieu de canton, quatrième arrondissement de Lot-et-Garonne) depuis le 23 décembre 1834. Bien souvent, depuis 1830, cette place m'avait été offerte ; mais j'avais toujours cru devoir la refuser, d'abord à cause de mes nombreuses occupations de médecin et propriétaire, et ensuite parce que l'allure du gouvernement ne me paraissait pas être franche dans le sens de la révolution de juillet. Enfin, je l'acceptai.

Quelque temps après mon installation, vint le premier mai. Vers la fin d'avril, j'avais reçu une circulaire de M. le préfet, datée du 20 de ce mois, touchant la Saint-Philippe. Cette circonstance me fournit l'occasion de lui écrire la lettre suivante par l'intermédiaire de M. le sous-préfet :

« Cancon, le 28 avril 1833.

« Monsieur le préfet,

« Je viens de recevoir votre circulaire du 20 de ce mois, concernant ce que vous appelez *la fête du roi* ou *la Saint-Philippe*.

« Nous avons eu tant de saints patrons de nos empereurs et rois, et ces pauvres saints nous ont tous si mal servis, qu'ils nous ont appris enfin à ne plus compter sur eux pour nos affaires de ce monde.

« Que chacun s'arrange comme il l'entend avec son saint, rien de mieux; mais nous n'en sommes plus au temps, ce me semble, où l'on menait les peuples avec des patenôtres et des invocations : les héros de juillet n'avaient ni châsses ni reliques.

« A quoi servent donc ces fêtes et ces joies de commande? Que le gouvernement fasse que nous ayons des lois et des institutions telles que la France les réclame, qu'il soit surtout à aussi bon marché que possible, et nous le bénirons tous en nous réjouissant spontanément de notre bonheur.

« Ces vérités, je voudrais pouvoir les dire au roi des barricades; je lui serais, je crois, plus utile de cette manière, ainsi qu'à la France, qu'en commandant à mes administrés d'être joyeux et contens tel jour de la semaine, pour assurer ensuite à qui de droit que tout va le mieux du monde.

« Veuillez agréer, etc. »

M. le sous-préfet, ne croyant pas devoir faire passer cette

lettre à M. le préfet, me la renvoya en m'écrivant, le 30 avril, celle qui suit :

« Monsieur,

« C'est sans doute sous la première impression de quelque sentiment pénible, et que je ne sais comment qualifier, que la lettre que j'ai l'honneur de vous renvoyer ci-incluse a été écrite, ce qui me fait espérer que vous ne serez pas fâché que l'envoi en ait été suspendu ; j'espère même qu'elle ne sera pas envoyée du tout, et je vous en prie. Dans tous les cas, vous comprendrez facilement que ce n'est pas par mon intermédiaire qu'elle doit parvenir à son adresse.
« Veuillez agréer, etc. »

Cette lettre donna lieu à la réponse suivante, que j'adressai, le 2 mai, à M. le sous-préfet :

« J'ai reçu votre lettre du 30 avril avec celle que j'adressais à M. le préfet, par votre intermédiaire, le 28 du même mois. Je suis bien fâché que celle-ci vous ait déplu, et je vous remercie, puisque vous le voulez, de me l'avoir renvoyée.

« Aucun *sentiment pénible*, dans le sens que vous l'entendez, ne m'avait dicté cette lettre ; et ce qui m'a fait le plus de peine en tout ceci, c'est la lecture de la vôtre. Je ne vous en dirai donc pas ce que vous m'assurez de la mienne, que je ne sais comment qualifier le sentiment sous l'impression duquel vous l'avez écrite : je l'ai deviné tout de suite.

« J'avais oublié tout bonnement que sous tous les régimes, et quoi qu'il en soit, il faut toujours, en administration, avoir l'encensoir à la main, et que la vérité n'y doit jamais être comptée pour rien ; mais comme il faut être plein d'articulations pour jouer de tels rôles, et que j'ai le malheur d'être tout d'une pièce, ils ne sauraient me convenir. J'envoie donc ma démission directement à M. le préfet, de peur, en vous l'adressant, de vous remettre sur le pénible chapitre des *qualifications*. »

J'écrivis à M. le préfet le 2 mai :

« Il y a peu de mois que je suis maire de Cancon. En acceptant malgré moi cette place, j'avais prévu et annoncé qu'il me serait difficile, par le temps qui court, de la garder long-temps. M. le sous-préfet vient de me mettre à mon aise, en me fournissant l'occasion de vous donner ma démission.

« Je vous prie donc, M. le préfet, de vouloir me faire remplacer le plus tôt possible, afin que rien ne souffre dans ma commune, et d'agréer, etc. »

Peu de jours après, le tirage au sort pour la conscription eut lieu dans ma commune, comme chef-lieu de canton. M. le sous-préfet eut la bonté de me donner sur *mon affaire* une explication pleine de franchise et de loyauté, tout en m'engageant à ne pas donner suite à ma démission, faisant valoir, entre autres choses, certains projets d'améliorations que j'avais faits pour mon endroit, tels que l'achat d'un champ de foire, la construction d'un lavoir, le percement d'une rue, etc. Je cédai. Les choses reprirent donc leur cours, et marchèrent à peu près sans encombre jusque vers le commencement de cette année 1836.

Mais à cette époque notre petit horizon administratif commença à se rembrunir un peu. Depuis 1801, nous avions un curé qui mourut en 1834, âgé de quatre-vingt-deux ans; il était boîteux; et malgré cette infirmité et son grand âge, il avait toujours desservi sa paroisse à lui seul jusque vers l'année 1820, paroisse qui consiste, au reste, dans une population de 16 à 1700 âmes, dont la ville fait une grande partie.

Il y a donc quinze ou seize ans que ce vieux curé, commençant à perdre la vue, demanda un vicaire, pour le traitement duquel il offrit à la commune de payer le tiers. Sa proposition fut acceptée, et il eut un vicaire jusqu'à sa mort (1).

Il fut remplacé par un jeune prêtre de trente-quatre ans, qui tint à garder le vicaire sans vouloir faire le moindre sacrifice pour cela. Le conseil municipal ne fut pas d'avis de donner 250 fr. par an pour faire de la cure de Cancon une place de chanoine, d'autant que la commune a fait de grands sacrifices et s'est imposé extraordinairement des sommes considérables pour une route secondaire, l'achat d'un champ de foire, etc. Je ne parle pas ici de la fabrique, parce que ses revenus étant presque nuls, tout retombe à la charge du conseil municipal.

D'un autre côté, nous avons dans la commune une succursale avec une maison et un petit enclos dont le vicaire tire le revenu. On dit, sur la fin de l'année dernière, que la succursale dont nous parlons allait avoir un desservant. Le vicaire de Cancon fut nommé, en effet, recteur de Milhac, mais sans quitter Cancon, dont il continua à être le vicaire. De manière que ce jeune prêtre a 800 fr. comme desservant et 250 fr. de la commune comme vicaire, sans compter le revenu de l'enclos de Milhac; somme toute, environ 1,200 fr.

Le conseil municipal crut donc, comme nous l'avons déjà dit, devoir supprimer dans le budget de 1836 la somme qu'il affectait ordinairement au traitement du vicaire; mais il négligea de remplir à cet égard les formalités voulues par la loi. M. le préfet porta d'office cette somme sans rien dire au conseil, dont il était cependant censé connaître la position financière et ce qui se passait dans la commune touchant l'exercice du culte.

Le 13 mars dernier, le conseil municipal, assemblé extraordinairement pour je ne sais quelle affaire, parla de ce qui

(1) Il se trouvera nécessairement ici quelques répétitions, parce que j'ai cru devoir donner chaque pièce dans son intégrité.

concernait le vicaire, et m'engagea, tout en me conseillant, de ne pas délivrer de mandat pour le paiement de ce jeune ecclésiastique, d'en écrire à M. le préfet; ce que je fis comme il suit, directement et *confidentiellement :*

« Monsieur le préfet,

« Je crois devoir vous faire part de ce qui fut dit, dimanche dernier, au conseil municipal touchant le vicaire de Cancon.

« Ce jeune prêtre a été nommé curé de Milhac, dans cette commune, au commencement de l'année; il reçoit donc aujourd'hui du gouvernement 800 fr., tout le casuel de sa paroisse et le revenu d'un petit enclos attaché au presbytère, qui a coûté dans le temps à la commune 2,400 fr.

« La fabrique de Milhac demande maintenant au conseil une certaine somme pour réparer son presbytère.

« D'après ces considérations, le conseil municipal, dont l'avoir est déjà épuisé par les fortes sommes qu'il a votées, soit pour la route projetée de Monflanquin à Marmande, soit pour l'achat qu'il vient de faire d'un champ de foire, etc., ne voyant plus d'ailleurs l'utilité d'un vicaire à Cancon depuis surtout que Milhac en est détaché, n'avait pas cru devoir voter des fonds pour lui au budget de 1836, auquel vous avez cependant porté d'office, pour cette destination, une somme de cent francs.

« Le conseil, pensant qu'il est plus à portée que qui que ce soit de connaître ses besoins et ses moyens, m'a engagé, ce à quoi j'étais déjà déterminé, à ne pas ordonnancer les mandats du vicaire quand ils arriveront.

« Voilà donc un conflit naissant de juridiction qu'il serait peut-être bien d'éteindre, et *sur lequel je vous prie de vouloir me dire votre avis.*

« J'ai l'honneur d'être, etc. »

M. le préfet ne trouva pas à propos de répondre à cette

lettre; mais le 8 avril, il prit un arrêté, qu'il adressa directement au receveur municipal, pour le paiement du premier terme échu du traitement du vicaire. J'ignorais encore cela le 16 avril, quand je reçus la lettre suivante de M. le sous-préfet :

« Villeneuve, le 15 avril 1836.

« Monsieur le maire,

« J'ai l'honneur de vous envoyer copie de la lettre que M. le préfet m'a écrite, le 14 de ce mois, relativement au refus que vous avez fait de délivrer les mandats de paiement du traitement que votre commune fait à son vicaire (1).

« Veuillez, je vous prie, M. le maire, me faire connaître aussitôt que possible la détermination que vous aurez prise au sujet de l'obligation qui vous est imposée de délivrer ces mandats à l'avenir. Dès que votre réponse me sera parvenue, je la communiquerai à M. le préfet, ainsi que cela m'est prescrit.

« Recevez, etc.

« A.^{le} DE RAIGNAC. »

« Agen, le 14 avril 1836.

« Monsieur le sous-préfet,

« Je vous ai adressé, le 8 de ce mois, une copie de mon arrêté du même jour, qui ordonne le paiement des termes échus du traitement du vicaire de Cancon. Après avoir pourvu à ce qu'il y avait de plus urgent dans cette affaire, j'éprouve le besoin de vous entretenir du refus (2) par lequel M. le maire de cette commune a rendu mon intervention nécessaire.

---

(1) Il est impossible qu'il y ait eu de ma part le refus dont on parle; puisque j'écrivais le 20 mars pour demander un avis, et que le mandat du vicaire ne pouvait m'être présenté qu'en avril.

(2) On a vu qu'il est faux qu'il y ait eu refus de ma part.

« Si le binage que le vicaire a été chargé d'exercer dans une succursale voisine (1) avait eu pour résultat d'interrompre son service à Cancon, je concevrais que l'autorité locale ait fait les démarches nécessaires pour obtenir, soit le remplacement du vicaire, soit la suppression du vicariat. En agissant ainsi, elle eût été dans son droit, et sa demande aurait pu être accueillie, si elle avait été convenablement motivée. Mais tant que le remplacement ou la suppression du vicariat n'aura été ni provoquée ni ordonnée (2), tant que cet ecclésiastique continuera les fonctions que son titre lui impose, le maire ne saurait se dispenser, sans contrevenir aux réglemens, d'ordonnancer les termes échus du traitement inscrit au budget.

« Cependant, par sa lettre du 20 mars dernier, que je vous ai communiquée le 28 du même mois, le maire déclare qu'il est déterminé à ne pas délivrer de mandats pour le paiement du vicaire (3), c'est-à-dire à ne point remplir l'un de ses devoirs administratifs. Je ne saurais, sans manquer moi-même à mes obligations, tolérer la continuation d'un pareil état de choses. Je vous prie de le faire comprendre au maire, et de lui demander l'assurance formelle qu'à l'expiration de chaque trimestre, il ordonnancera le traitement du vicaire comme toutes les autres dépenses communales.

« J'aime à croire qu'il en reconnaîtra l'absolue nécessité. Si, contre mon attente, il persistait néanmoins dans son refus, je

(1) M. le préfet se trompe, le vicaire est recteur de Milhac, commune de Cancon, et vicaire de Cancon.

(2) Le conseil municipal avait le dessein d'en demander la suppression, puisqu'il ne vota pas de fonds. Pourquoi, dans l'intérêt de la commune, M. le préfet, quand il vit que le conseil municipal demandait une chose juste, ne le dirigea-t-il pas dans sa demande, au lieu de porter d'office une somme que le conseil avait refusée ?

(3) C'est vrai; mais je demandais avant tout, et pendant qu'il en était temps encore, un avis à cet égard, que M. le préfet m'a refusé.

ne me bornerais plus à y pourvoir par un arrêté spécial; je prendrais contre ce fonctionnaire les mesures auxquelles la loi me donne le droit de recourir pour mettre fin à son opposition, qu'aucune circonstance ne saurait justifier. Il m'en coûterait, sans doute, d'employer des moyens de rigueur; mais, quelque regret que je dusse éprouver, je n'hésiterais pas à m'en servir, parce que, avant tout, je dois assurer l'observation des réglemens et la marche du service.

« Je vous serai obligé de me communiquer la réponse du maire, et de l'accompagner de votre avis sur les mesures qu'il pourrait être nécessaire d'adopter.

« J'ai l'honneur d'être, etc.

« *Le préfet*, Signé BRUN. »

Cette lettre, jointe à ce qui venait de se passer et à la conduite que M. le préfet avait tenue à mon égard depuis celle que je lui avais adressée le 20 mars, me fut on ne peut plus sensible, et c'est alors que j'écrivis ce qui suit, le 25 avril, à M. le sous-préfet :

« Cancon, etc.

« Monsieur le sous-préfet,

« J'ai reçu la copie que vous avez bien voulu m'envoyer, le 15 courant, de la lettre me concernant, que M. le préfet vous avait adressée le 14. Je ne doute pas qu'il ne l'ait signée de confiance et sans l'avoir lue; mais elle n'en est pas moins officielle.

« Quoi qu'il en soit, j'écrivis le 20 mars à M. le préfet, que le conseil municipal m'engageait, ce à quoi j'étais déjà déterminé, d'après les motifs que je lui donnai, à ne pas ordonnancer les mandats du vicaire de Cancon pour le paiement d'une somme que nous lui avions refusée au budget de cette année, et pour le *prier*, en même temps, de *me dire son avis à cet égard*. — Ma lettre resta sans réponse, et ce ne fut que 18 ou 20 jours après que j'ai lu dans la copie en question que, le 8 avril, M. le préfet avait pris un arrêté, que je ne connais pas, pour faire payer tout de suite au vicaire de Cancon, *vu l'urgence*, *une somme de 25 fr.* que personne ne m'avait demandée, mais pour le paiement de laquelle la *prompte* intervention de M. le préfet avait été *nécessaire*.

« Vient ensuite, comme vous savez, M. le sous-préfet, l'injonction qu'on vous fait de me demander l'*assurance formelle qu'à l'expiration de chaque trimestre j'ordonnancerai le traitement du vicaire*, sous peine de voir prendre contre moi je ne sais quelles *mesures* et user de je ne sais quels *moyens de rigueur*. Prendre des mesures! user de moyens de rigueur! Eh bien! qu'on les prenne ces mesures, qu'on en use de ces moyens (1).

« Vous savez, M. le sous-préfet, quand et comment j'ai accepté la place de maire, et ce qui fait que je l'ai encore. Ce n'est pas que je ne la regarde comme très honorable, puisque je la dois en grande partie à la confiance de mes concitoyens; mais je ne savais pas que pour être maire, par le temps qui court, il fallût commencer par se faire esclave et renoncer à toute espèce de dignité. Pourquoi M. le préfet, au lieu de prendre des arrêtés et d'écrire à la *pacha* la lettre que vous m'avez envoyée, n'a-t-il pas répondu à celle que je lui ai adressée le 20 mars, directement et confidentiellement, pour nous faire voir que nous avions tort dans cette affaire, le conseil et moi?

« Nous pensions, et j'ai eu le malheur de le dire, que Cancon n'avait pas besoin de vicaire. La commune a deux églises, un curé et un *recteur-vicaire* pour 1,600 âmes à peu près de population, dont 400 pour la paroisse de Milhac. Un curé pour 400 âmes! économie évidente, comme on voit. Mais continuons. Il reste pour la paroisse de Cancon 12 cents habitans, y compris

(1) Je ne pus pas m'expliquer une pareille sortie, contre moi, de la part de M. le préfet.

ce qu'on appelle la ville, qui en fait une grande partie; et pour cette population ainsi agglomérée, il faut que la commune ou la fabrique, ce qui revient au même, donne annuellement 250 fr. à un vicaire qui est déjà payé comme recteur de Milhac, et qui jouit, en cette qualité, d'un petit enclos et d'une maison qui nous appartiennent, parce que M. le préfet a voulu, sans avoir égard au vote du conseil municipal, qu'un vicaire fût indispensable au curé de Cancon, âgé de 34 ans, qui ne dit qu'une messe le dimanche, et qui n'a rien à faire d'ailleurs, pendant que nous nous imposons des sommes considérables, fruits de nos travaux et de nos épargnes, pour des routes, un champ de foire, etc., dont nous avons besoin.

« Je le répète, il ne faut pas perdre de vue que le vicaire de Cancon n'est pas chargé, en cette qualité, comme le dit M. le préfet, d'*exercer un binage dans une succursale voisine*; il est recteur de Milhac, commune de Cancon, et de plus vicaire de Cancon; c'est-à-dire qu'on a voulu que nous eussions dans la commune deux prêtres au traitement fixe de 1,200 fr. chacun au moins. Et c'est en présence d'un tel gaspillage qu'il faut se taire, sous je ne sais plus quelle peine !

« Restent certaines formalités, touchant ce vicaire, que le conseil municipal a, dit-on, négligé de remplir en faisant son budget. C'est possible; mais si, avant de porter d'office à ce budget une somme que nous avions refusée, M. le préfet nous avait demandé pourquoi nous ne l'avions pas votée, il aurait fait que ce qui se passe n'aurait pas eu lieu, et il nous aurait valu 250 fr., sans compter qu'il est peut-être un peu de son devoir de veiller quelquefois à l'intérêt de ses administrés.

« En définitive, il s'agit donc de savoir si *l'ignorance* du conseil municipal, que M. le préfet a négligé ou dédaigné d'instruire, doit coûter cette année 250 fr. à la commune, et si le maire s'est bien gravement compromis en se permettant, avant d'aller plus loin, de demander à l'autorité supérieure son avis, qu'elle n'a pas voulu donner, sur une affaire dans laquelle il ne voulait agir qu'avec connaissance de cause.

« Cette question, je me propose de la soumettre, avec les détails nécessaires, à MM. les ministres de la justice et des cultes, et de l'intérieur.

« J'ai l'honneur d'être, etc. »

Le 30 août, je reçus de M. le sous-préfet la lettre suivante :

« Monsieur le maire,

« J'ai l'honneur de vous envoyer une expédition de l'arrêté de M. le préfet, du 29 de ce mois, par lequel il vous suspend de vos fonctions de maire de Cancon, aux termes de l'article 5 de la loi du 21 mars 1831; elles seront remplies provisoirement par M. Delerm, adjoint.

« Recevez, etc.

« A.^{le} DE RAIGNAC. »

Extrait du registre des arrêtés du préfet du département de Lot-et-Garonne.

« Du 29 avril 1836.

« Nous préfet du département de Lot-et-Garonne,

« Vu la lettre de M. le maire de Cancon à M. le sous-préfet de Villeneuve, dans laquelle le premier de ces fonctionnaires déclare sa persistance dans le refus d'ordonnancer le traitement du vicaire de sa commune, au mépris de l'obligation que nous lui en avons imposée d'office dans notre fixation du budget de 1836;

« Vu l'avis, en date du 27 de ce mois, dont M. le sous-préfet a accompagné la communication de ladite lettre;

« Considérant que de ce qui précède il appert que M. le maire de Cancon s'est rendu coupable d'une résistance ouverte aux ordres légaux de l'autorité supérieure, et que sa lettre précitée s'exprime envers celle-ci dans les termes les plus inconvenans ;

« Considérant d'ailleurs qu'un magistrat municipal ne peut prétendre conserver long-temps, de la part de ses administrés, la considération et les égards dus à ses fonctions, lorsqu'il a lui-même donné l'exemple d'un pareil oubli de ses devoirs hiérarchiques ;

Faisant à M. le maire de Cancon l'application de la dernière disposition de l'article 3 de la loi du 21 mars 1831 ;

« ARRÊTONS :

« Art. 1.er Le sieur Lafaurie est suspendu de ses fonctions de maire de la commune de Cancon.

« Art. 2. L'expédition du présent arrêté sera transmise à M. le sous-préfet de Villeneuve, qui est chargé d'en assurer l'exécution.

« Fait à Agen, etc. »

Peut-on voir, je le demande, un pareil tissu de faussetés, et M. le préfet y pensait-il quand il a pris cet arrêté ? Qu'on lise attentivement mes lettres, et l'on verra si j'ai fait un *refus*, et si l'on y trouve, à plus forte raison, cette *persistance dans le refus* dont on fait le premier *vu* de cet arrêté.

Et ce premier considérant, dans lequel M. le préfet affirme, que je me suis *rendu coupable d'une résistance ouverte aux ordres légaux de l'autorité supérieure*, pendant qu'il est certain que cette autorité ne m'a rien ordonné dans cette affaire, que personne ne m'a rien demandé, et qu'on ne m'a pas donné le temps d'être coupable, supposé que je dusse le devenir !

Je conçois que ma lettre du 25 avril ait pu déplaire à M. le préfet; mais pense-t-il que celle qu'il m'a adressée, sans motif, le 14 avril, m'ait été bien agréable ? Et serait-il donc vrai que la circonstance d'être placé plus ou moins haut sur cette échelle hiérarchique dont on parle tant, donne au supérieur sur l'inférieur une espèce de droit.... que je ne qualifierai pas, dont il puisse toujours user impunément, n'importe comment? Si, je le répète, M. le préfet avait voulu prendre la peine de répondre à ma lettre du 20 mars et de me donner l'avis que je prenais la liberté de lui demander, tout était fini; mais il fallait faire de l'effet, et surtout, aujourd'hui que le gouvernement veut paraître grand et nerveux, donner un exemple de la force qu'a le *pouvoir hiérarchique*.

Que ce qui se passe aujourd'hui me concernant serve de leçon à MM. les maires qui tiennent à leur place. Ayez toujours présente à l'esprit, messieurs, cette *hiérarchie* au bas de laquelle vous êtes placés, et dont vous devez, par conséquent, supporter tout le poids. N'allez pas vous figurer, qui que vous soyez, que vous avez quelque mérite, que vous n'êtes pas indignes de toute espèce d'attention, que vous êtes les élus du peuple, que vos fonctions sont gratuites, que vous n'êtes conséquemment les valets de personne : la *hiérarchie!* messieurs, la *hiérarchie* telle que l'entendent vos *supérieurs*, tout est là!

Et si vous avez eu le malheur d'encourir leur disgrâce, que vos concitoyens se gardent bien de vous témoigner de l'intérêt, quelque grand que soit celui qu'ils vous portent! Lisez le dernier considérant de l'arrêté de M. le préfet, mais surtout la lettre ci-après, à laquelle a donné lieu la délibération dont la teneur suit :

Séance du 8 mai 1836.

Le conseil municipal de la commune de Cancon, chef-lieu de canton, arrondissement de Villeneuve, département de Lot-et-Garonne, réuni au nombre de quatorze membres, présidé par M. Delerm, adjoint, présens MM de Galaup, Labrousse, Bruyère le jeune, Bruguière, Bernard Caussade, Tuillet, Bernou, Chastre, Couderq, Courborieu-Bouyssy, Chayrou et Lafaurie.

La séance ouverte, M. le président donne communication d'un arrêté du 29 avril dernier, par lequel M. le préfet a suspendu M. Lafaurie de ses fonctions de maire.

Ensuite, M. Lafaurie demande la parole, et dit qu'il ne croit pas avoir mérité par sa conduite cet acte de rigueur, ni avoir perdu la considération de ses administrés.

Le conseil, considérant que l'examen des motifs qui ont amené l'arrêté de M. le préfet est en dehors de ses attributions;

Néanmoins, sur la proposition de M. Labrousse, consistant à savoir si M. le maire a perdu la considération et les égards de ses administrés, ainsi que le donne à entendre un des considérans dudit arrêté;

Votant au scrutin secret, M. Lafaurie s'étant abstenu de voter, déclare que M. Lafaurie a conservé, et comme particulier et comme magistrat, l'estime et la considération de ses administrés.

Ensuite, M. le président invite les membres à vouloir s'occuper de la continuation des travaux de la session, à dresser le budget de l'année prochaine, et à s'occuper des divers intérêts de la commune.

Vu l'heure avancée (midi), M. le président propose de se réunir après les vêpres; plusieurs membres, d'ajourner indéfiniment la séance et toutes affaires jusqu'à un nouvel ordre de choses, et d'autres, à mardi prochain.

M. le président propose la question suivante:

Le conseil veut-il s'ajourner jusqu'à ce que cet état de choses ait cessé, ou se réunir mardi prochain pour s'occuper de la continuation des travaux de la session?

Le conseil, votant au scrutin secret, M. Lafaurie s'étant abstenu, est d'avis

D'ajourner indéfiniment les travaux de la session, et jusqu'à ce que cet ordre de choses ait cessé, ayant l'honneur de prier M. le préfet de faire que cela soit le plus tôt possible.

Fait en séance, à Cancon, le 8 mai 1836.

(Suivent les signatures.)

Copie de la Lettre écrite au sous-préfet de Villeneuve par M. le préfet de Lot-et-Garonne.

- Agen, le 25 mai 1836.

« Monsieur le sous-préfet,

« J'ai reçu avec votre lettre du 17 de ce mois une délibération du conseil municipal de Cancon, relative à la suspension du maire et à l'ajournement des travaux de la session de mai, ainsi qu'une lettre de M. l'adjoint, afférente aux mêmes objets.

« Dans cette délibération, le conseil a voulu non-seulement établir la contre-partie des considérations invoquées dans l'arrêté de suspension, mais encore tenter de forcer l'autorité supérieure à rapporter cet arrêté, en ajournant les travaux obligatoires de la session du mois de mai jusqu'à ce que la mesure qui a frappé le maire fût annulée. Je ne devais ni ne pouvais reculer devant de pareils moyens; j'ai donc annulé, conformément à votre avis, non point l'arrêté de suspension, mais la délibération du conseil.

« Certes, je ne conteste pas aux membres de ce conseil, pris individuellement, la convenance de leurs sentimens personnels à l'égard du maire ; mais où donc est la loi en vertu de laquelle le corps constitué qui représente la commune a trouvé la faculté de manifester officiellement, administrativement, ses sympathies pour le fonctionnaire que blâment ses supérieurs ? De quel droit vient-il s'immiscer dans des faits accomplis entre ce fonctionnaire et l'autorité de laquelle il relève, et jeter son opinion comme un contre-poids, ou plutôt comme un démenti formel aux assertions de cette autorité ? Il serait probablement difficile au conseil de Cancon de répondre par des citations, par le texte ou l'esprit de la législation, aux questions que je viens de poser. Et lorsque je n'agis qu'appuyé sur le texte des lois, qu'en justifiant à chaque fois qu'il est dans mon droit et de mon devoir d'agir comme je le fais, une autorité locale quelconque penserait n'avoir à consulter que ses inspirations, ses impressions du moment, pour parler ou se taire, prononcer ou s'abstenir, blâmer ou absoudre! Est-il nécessaire d'ajouter qu'une semblable faculté, si elle était ou pouvait être accordée, serait la négation de toutes les idées d'ordre, de conservation, de subordination?

« Mais là ne s'est point arrêté le conseil de Cancon; il a essayé d'attacher une sorte de pénalité à l'oubli dans lequel on aurait pu vouloir laisser sa déclaration en faveur du maire, en ajournant indéfiniment les travaux de la session, comme si cet ajournement eût dû enrayer forcément la marche de l'administration, et contraindre l'autorité supérieure à revenir sur ses pas! Je l'ai indiqué dans l'arrêté que vous trouverez ci-joint; le conseil, en agissant ainsi, s'est mis en opposition directe avec la législation, il a méconnu l'une de ses principales obligations, l'erreur l'a conduit à une désobéissance formelle. Il ne savait donc pas que sa désobéissance n'empêchera point le règlement du budget, l'apurement des comptes, le recouvrement des recettes, le paiement des dépenses annuelles et obligées, en un mot, que le législateur a prévu dans sa sagesse de semblables refus et donné les moyens d'y remédier? Et s'il ignore même les élémens de la science administrative, comment a-t-il pu se croire fondé en droit administratif à faire ce qu'il a fait?

« J'aurais pu, moi, appuyé sur la législation, demander au gouvernement la dissolution immédiate d'un conseil qui s'occupe d'objets étrangers à ses attributions et refuse de s'occuper de ceux qu'il devrait traiter, et j'aurais alors fait produire à la délibération du 8 mai le seul résultat rationnel qu'elle pût amener. Mais j'ai considéré qu'à côté d'une tendance d'émancipation et d'un esprit d'opposition impossibles à justifier, il y avait évidemment absence d'une connaissance suffisante de l'administration; j'ai donc préféré entrer dans les explications qui précèdent, essayé d'éclairer le conseil municipal, et le mettre en garde avant tout contre ses propres erreurs.

« Quant à la lettre de M. l'adjoint, elle se borne à reproduire les considérations développées dans une autre lettre du 12, à laquelle j'ai répondu; j'aurai donc peu de choses à dire maintenant. Dans ma lettre du 14, quand j'avais pour objet principal de démontrer l'absolue nécessité de payer le traitement du vicaire, j'ai écarté toute considération personnelle de la discussion du principe que je voulais établir; mais aujourd'hui que l'on me demande de rapporter mon arrêté de suspension, je ne puis pas faire abstraction d'une partie des considérations sur lesquelles s'appuie cet arrêté; car c'est un principe aussi, un principe d'ordre, que les égards réciproques que les hommes se doivent entre eux. Ces égards deviennent une obligation plus rigoureuse encore, lorsque la hiérarchie a établi une différence de position entre des fonctionnaires publics; ils ne m'ont cependant pas été accordés par M. le maire de Cancon. Comme homme, il m'a été facile de l'oublier; comme préfet, je dois m'en ressouvenir quand on me demande de rapporter un acte officiel qui mentionne cette circonstance; car il faut que je puisse motiver un arrêté de réintégration. J'attendrai donc que les expressions dont, comme préfet, j'ai droit de me plaindre, aient été désavouées par leur auteur, pour revenir sur ce que j'ai fait.

J'ai l'honneur, monsieur, etc., etc.

« *Pour le préfet en congé, le secrétaire-général délégué,*

« Signé ALQUIÉ.

« Pour copie conforme :

« *Le sous-préfet,* Signé A.^{le} DE RAIGNAC. »

Ayant promis, sans y bien réfléchir, de communiquer mon affaire aux ministres de l'intérieur et des cultes, je leur écrivis le 29 avril. Je savais bien que la chose était inutile, et que, dans tous les cas, je ne pouvais pas, chez eux, trouver protection contre un préfet. Les maires sont en quelque sorte le peuple personnifié ; or, quels égards doit-on à un peuple qui ne veut se laisser ni bâillonner ni bâter, pas même par ceux qui, sortis d'hier de ses rangs, veulent aujourd'hui faire oublier leur origine et leurs précédens en jouant les grands seigneurs, dont ils affectent la morgue et la vanité ?

» Cancon, le 29 avril 1836.

« Monsieur le ministre,

« J'ai pris l'engagement, et je vais le remplir, si vous voulez bien le permettre, de vous faire part de ce qui se passe entre M. le préfet et le conseil municipal et moi. Il est question du traitement d'un vicaire. Voici le fait :

« La commune de Cancon, chef-lieu de canton, a deux églises, un curé et un recteur pour la succursale de Milhac.

« La population de la commune est d'environ 1,600 habitans, dont 400 à peu près pour la paroisse de Milhac. Le recteur de Milhac est aussi vicaire de Cancon ; c'est-à-dire que ce jeune prêtre est payé comme recteur d'une paroisse de 400 âmes où il ne réside pas, et comme vicaire de Cancon où il demeure, avec le curé, pour une population presque agglomérée de 1,200 habitans. Nous avons donc dans notre petite commune un curé et un desservant ou vicaire qui ont chacun un traitement fixe de 1,200 fr., en comptant pour le vicaire ce qu'il a à Milhac.

« La commune, qui paie de 15 à 16,000 fr. de contributions directes, s'imposa, l'année dernière, pour une route secondaire, une somme de 24,000 fr., payable dans huit ans. Le conseil municipal crut, d'après cela, devoir supprimer le traitement du vicaire, dont il reconnaissait d'ailleurs l'inutilité; mais M. le préfet n'en porta pas moins d'office au budget, sans autre information, la somme que le conseil avait refusé de voter.

« Le conseil municipal, pensant qu'il pouvait ne pas payer au vicaire ce qu'il ne lui avait pas promis, m'engagea, au commencement de l'année, à ne pas ordonnancer son traitement. J'écrivis cela tout de suite à M. le préfet, et, lui rappelant la position de la commune, j'ajoutais que j'étais décidé à faire la volonté du conseil touchant le traitement du vicaire, mais que *je le priais de vouloir me dire son avis à cet égard.*

« Ma lettre était du 20 mars; elle resta sans réponse; mais, le 8 avril, M. le préfet prit un arrêté que je n'ai pas vu, et qu'il adressa au receveur municipal pour le paiement du vicaire; et, le 14 du même mois, il écrivit me concernant à M. le sous-préfet une lettre dont ce dernier me donna copie, dans laquelle M. le préfet le chargeait de *me demander l'assurance formelle qu'à l'expiration de chaque trimestre j'ordonnancerais le traitement du vicaire,* sous peine de voir prendre contre moi je ne sais quelles *mesures* et user de je ne sais quels *moyens de rigueur.*

« Cette lettre me surprit d'autant plus, que je n'y reconnaissais pas M. le préfet; et que, d'un autre côté, il aurait dépendu de lui de tout prévenir en répondant à ma lettre du 20 mars, comme je l'en avais prié.

« En résumé, il s'agit donc de savoir, monsieur le ministre, comme je l'ai écrit à M. le préfet en le prévenant que j'allais prendre la liberté de vous en faire la question, si la négligence que le conseil a mise à remplir certaines formalités en refusant de voter des fonds pour le traitement du vicaire, négligence dont M. le préfet aurait ce semble dû l'avertir, doit coûter cette année à la commune 100 fr. qu'elle n'a pas, sans compter 150 fr. que la fabrique donne sans en avoir davantage, ce qui retombe toujours sur la commune; et si, comme maire, je me suis bien gravement compromis en me permettant de demander à l'autorité supérieure son avis, qu'elle m'a refusé, sur une affaire dans laquelle je ne voulais agir qu'avec connaissance de cause, et touchant laquelle je m'abstiendrai, tant que l'on ne me fera que des menaces au lieu de me donner des raisons.

« Veuillez agréer, etc. »

Après avoir écrit cette lettre, dont, comme je l'ai déjà dit, je n'espérais certainement aucun résultat, j'attendis l'événement, et, trois mois et demi après, le 8 août, je reçus l'ordonnance suivante :

« Paris, le 27 juillet.

« LOUIS-PHILIPPE, Roi des Français, à tous présens et à venir, salut.

« Sur le rapport de notre ministre secrétaire d'état au département de l'intérieur;

« Vu l'article 3 de la loi du 21 mars 1831;

« Nous avons ordonné et ordonnons ce qui suit :

« Art. 1.er Le sieur Lafaurie, maire de la commune de Cancon, arrondissement de Villeneuve, département de Lot-et-Garonne, est révoqué de ses fonctions.

« 2. Notre ministre secrétaire d'état au département de l'intérieur est chargé de l'exécution de la présente ordonnance.

« Donné au palais des Tuileries, le 27 juillet 1836.

« Signé LOUIS-PHILIPPE.

« Par le Roi :

« *Le pair de France ministre secrétaire d'état, etc.* »

La date de cette ordonnance est remarquable : le 27 juillet! Qui aurait dit, il y eût tout juste six ans ce jour-là, que nous en viendrions où nous en sommes, et que nous serions témoins de tout ce que nous voyons?

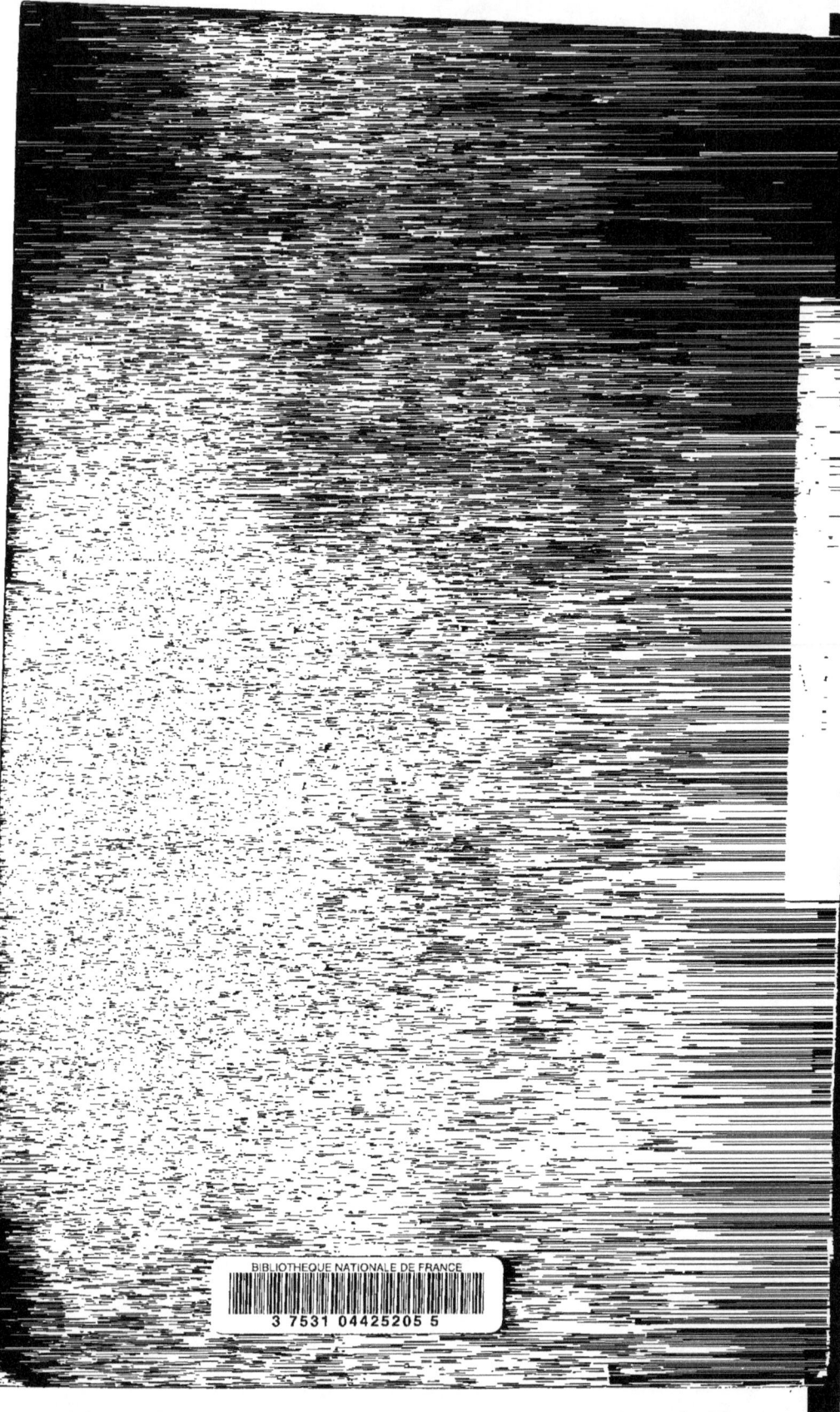

www.ingramcontent.com/pod-product-compliance
Lightning Source LLC
Chambersburg PA
CBHW060555050426
42451CB00011B/1916